Le petit livre du Ho'oponopono

Suivre le chemin du cœur avec Hoppen

Ce livre renvoie à certains sites Internet, sur lesquels ni l'auteur ni l'éditeur n'ont d'influence. Ils ne peuvent donc en garantir le contenu. Le responsable du contenu de ces sites est toujours son fournisseur ou son gérant.

Titre original : *Das kleine Buch vom Hoppen*
© 2013 Schirner Verlag, Darmstadt
Traduit de l'allemand par Flora Brunier
© 2014 Éditions Contre-Dires, pour la version française
ISBN : 978-2-84933-317-4
www.editions-tredaniel.com

Tous droits de diffusion réservés, y compris radiophoniques, télévisuels et via tout autre moyen de communication, photomécanique ou par reproduction sonore et d'extraits.

MANFRED MOHR

Le petit livre du Ho'oponopono

Suivre le chemin du cœur
avec Hoppen

Éditions **CONTRE-DIRES**
19, rue Saint-Séverin
75005 Paris

Sommaire

Préface 11

La vision hawaïenne 15

Notre juge intérieur 23

Hoppen 31

La technique du cœur 39

Ho'oponopono 43

L'amour guérit 47

La première forme de la technique
du cœur 49

Questions fréquentes 51

Exercices pour trouver le chemin
du cœur 55

La forme actuelle de la technique du cœur	61
Faire taire le juge intérieur	65
La technique de la double compréhension	69
Consulter le cœur	77
Ce que ton cœur veut te dire	83
La technique de l'amour	87
L'amour aussi dit non	91
Que ferait l'amour ?	97
Qu'est-ce que cela me fait ?	101
Le journal des miracles	105
Postface	113
Lectures recommandées	119
À propos de l'auteur	121

*Au-delà du bien et du mal
se trouve un jardin.
C'est là que nous nous rencontrerons.*

RUMI

Préface

*Hier, j'ai rencontré mon amour
dans un lieu inédit ;
je lui ai demandé de rester pour toujours,
mais elle est partie.*

*Aujourd'hui, je l'ai rencontrée
à nouveau,
brise douce et légère ;
me promettant de revenir bientôt,
elle a embrassé mes paupières.*

*Et soudain, je l'ai vue dans un bois,
dans une montagne, dans la mer, dans le
blé,
je la vois à présent devant moi,
j'en suis bouche bée.*

En 2008, Bärbel et moi avons écrit notre premier livre sur la technique de pardon hawaïenne Ho'oponopono. Depuis, cinq années déjà ont passé. À l'époque, il existait encore peu d'ouvrages sur le sujet et, un peu contraints par l'urgence, nous avons donc développé notre propre technique à partir de la littérature existante. Nous l'avons baptisée simplement – dans le style léger de Bärbel – « Hoppen ». Ce petit livre vise à vous présenter cette variante, la nôtre, de Ho'oponopono.

Avec notre premier livre, *Ordre cosmique – La nouvelle dimension de la conception de la réalité d'après le Ho'oponopono ancestral hawaïen*, nous avons été les pionniers sur le sujet en langue allemande, et j'avoue en être fier. Il existe aujourd'hui de nombreux auteurs, comme par exemple Ulrich Duprée ou le Dr Diethard Stelzl, qui explorent à leur façon cette ancienne forme de pardon.

Je souhaite donc t'inviter, chère lectrice, cher lecteur, à comprendre et à utiliser à ta manière l'approche décrite ici. Fais ce qui te

Préface

semble bon pour toi! Et choisis les exercices qui te plaisent le plus. Laisse ton ressenti te guider. Le Hoppen est devenu pour moi un formidable moyen de suivre le chemin du cœur. Ainsi, en lisant ce livre, laisse-toi guider par ton cœur et sens ce qui te fait du bien et te correspond. Suis simplement ton enthousiasme et ta joie!

Bärbel et moi n'avons eu de cesse d'inciter les participants à nos séminaires à découvrir leur propre forme de Hoppen. Enfin, il existe aussi une «technique Bärbel» – la technique de la double compréhension, que Bärbel aimait tout particulièrement pratiquer – et une «technique Manfred», la technique du cœur, avec laquelle je travaille principalement et que je souhaite placer au centre de ce livre.

Il existe certainement aussi une technique qui te soit personnelle. Fais tranquillement tes propres expériences avec le Hoppen, et aie le courage de trouver la méthode qui te correspond le mieux!

Si j'insiste tant sur l'importance de trouver ta propre technique, c'est parce que le Hoppen peut se pratiquer seul. Nul besoin de thérapeute ni de professeur, si ce n'est pour acquérir les bases. Le Hoppen est une technique du cœur et de l'amour. Dans le Hoppen, la résolution des problèmes est confiée à l'amour, à qui on demande la guérison. La façon dont l'amour entraîne la guérison reste son secret. Mais une chose est sûre : l'amour accomplira ce miracle d'une manière spéciale et unique. Voici ce qui t'aidera à découvrir ta propre forme de Hoppen : laisse-toi guider par ton amour. Il te montrera le chemin du cœur.

Les mots du poète persan RUMI décrivent parfaitement ce chemin :

Au-delà du bien et du mal
se trouve un jardin.
C'est là que nous nous rencontrerons.

C'est la devise de ce livre !

La vision hawaïenne

*Connaître l'amour, c'est une chance,
partager l'amour, c'est une joie,
bénir l'amour, c'est un accomplissement,
être l'amour, c'est… ton secret.*

Avec leur rituel de pardon ancestral Ho'oponopono, les Hawaïens nous ont fait un cadeau considérable. Ils considèrent le monde qui nous entoure d'une façon tellement différente de la nôtre que mon premier contact avec Ho'oponopono m'a valu un léger mal de tête ! Il nous est pourtant vital d'épouser cette nouvelle perspective, car notre planète semble tourner toujours plus vite. Et au vu des crises qui ne cessent de se succéder et de la peur croissante qu'elles engendrent, notre monde a besoin de solutions neuves et différentes. En effet :

> *On ne peut résoudre les problèmes*
> *avec les modèles de pensées*
> *qui les ont engendrés.*
>
> ALBERT EINSTEIN

Avec Ho'oponopono, une nouvelle vision fondamentale s'offre à nous. Elle nous rappelle que le monde et toi et moi ne sommes pas séparés. Un lien mystérieux et solide nous unit. Tout ce qui se produit dans ma vie a, d'une façon ou d'une autre, à voir avec moi. Si je rencontre un problème dans mon monde extérieur, il trouve une correspondance en moi, dans mon monde intérieur; même si cette vision des choses est loin de notre modèle de pensée et dépasse notre entendement.

Les Hawaïens vont même jusqu'à dire que c'est en fait notre raison, notre intelligence, qui est la cause de nos problèmes. Pour eux, tout événement dans le monde est une expression divine et est, de ce fait, fondamentalement bon et juste. D'après eux, si ma raison juge qu'une chose est mauvaise ou injuste, c'est ma pensée qui n'est pas juste. C'est pourquoi je demande entre autres à Ho'oponopono de guérir ma pensée. « Alors, disent les Hawaïens, mon problème disparaît ! »

Un léger mal de tête ?

Cela dit, nul besoin de chercher très longtemps dans nos racines pour trouver un équivalent à cette vision du monde. En Occident, les mystiques du Moyen Âge tiraient déjà les mêmes conclusions :

---

*Le monde extérieur
n'est que le reflet du monde intérieur.*

En d'autres termes :

---

*L'intérieur est semblable à l'extérieur.
Et l'extérieur, à l'intérieur.*
MAÎTRE ECKHART

Tout ce qui se produit dans mon monde extérieur correspond à quelque chose dans mon monde intérieur. Par le rituel hawaïen du pardon, j'améliore mon état intérieur, pour améliorer les choses autour de moi.

Si l'on applique l'affirmation « L'intérieur est semblable à l'extérieur » à l'état de notre monde actuel, alors la crise économique extérieure n'est que le reflet de l'état de confusion intérieure des hommes. La crise extérieure ne fait que refléter le chaos intérieur qui est en nous.

Si nous sommes toujours plus nombreux à avoir peur de perdre notre travail ou à souffrir du stress ou même d'un *burn-out*, cela signifie que notre monde intérieur actuel n'est pas des plus harmonieux. Le monde extérieur ne fait que nous montrer que tout est simplement « trop » – pour les personnes en particulier et pour le monde en général. La crise extérieure a aussi à voir avec moi. Ce message prend alors tout son sens :

Si je me guéris, je guéris le monde.

Au niveau spirituel, la pratique de Ho'oponopono mène en pensée à une «globalisation lente». Lorsque les frontières extérieures disparaissent peu à peu, comme prétend vouloir le faire par exemple la Communauté européenne avec l'Europe, elles disparaissent alors aussi en nous. En ayant la possibilité aujourd'hui de prendre part, *via* le journal télévisé et Internet, aux événements du monde, même dans des pays très éloignés, nous commençons comme humanité, et comme tout – et plus seulement comme individus – à comprendre. Ho'oponopono permet de briser les barrières et de triompher de la séparation.

En ce moment, tu penses peut-être: «Mais moi seul, je ne peux rien. Je ne peux pas changer le monde.» Je te répondrai: «Même un long chemin commence par le premier pas. »

Ce n'est pas parce que les choses sont inaccessibles que nous ne les tentons pas, mais parce que nous ne les tentons pas qu'elles sont inaccessibles.
SÉNÈQUE

Lorsque tu commences à pratiquer le Hoppen ou une autre forme de Ho'oponopono, ta vision du monde se modifie. C'est que chacun peut avoir une influence sur son propre entourage. Tes relations à autrui se transformeront et s'amélioreront profondément, à commencer par celles avec les membres de ta famille, avec tes amis, tes connaissances ou tes collègues de travail. Tu seras surtout surpris de constater : « Il se passe vraiment quelque chose dans ma vie ! » Un vent frais souffle sur ton existence. Tes voiles se gonflent et tu avances. Le Hoppen t'offre une responsabilité nouvelle, inhabituelle, et te confère toujours plus d'assurance.

Pour expliquer les effets du Hoppen, voici une parabole : Imagine-toi dans une pièce avec 99 autres personnes. Il fait noir. Lorsqu'une des personnes présentes appuie sur l'interrupteur pour allumer la lumière, tout s'éclaire instantanément, pour tout le monde. Il suffit simplement qu'une seule des cent personnes le fasse. Tu pourrais être cette personne. Et le Hoppen te fournit l'interrupteur.

Le Hoppen s'accorde très bien aux temps modernes. C'est un instrument de l'amour. Là où l'entendement différencie et sépare, l'amour relie. Là où la pensée cherche son intérêt, l'amour se donne. Là où la pensée juge, l'amour nous apprend à pardonner. La compassion grandissante qui découle de la pratique du Hoppen nous permet d'abandonner la vieille distinction rationnelle entre le bon et le mauvais. À la place, nous observons notre monde avec amour et reconnaissons ces mots :

---

*Car qu'est-ce que le mal,
sinon le bien torturé par sa propre faim
et sa propre soif ?*

KHALIL GIBRAN

Notre juge intérieur

*Ange, offre aux hommes la foi,
cette chose qui attend en eux
qu'ils autorisent les cieux
à révéler leur profond Moi.*

Le point de vue exposé précédemment « L'extérieur reflète l'intérieur » a des conséquences profondes. Qu'est-ce que cela signifie concrètement, si le monde extérieur n'est que le reflet de mon monde intérieur ? Étudions cela de plus près.

Mon monde intérieur est principalement défini par mes pensées et mes sentiments. J'observe le monde et de nouvelles images me parviennent continuellement – comme si j'étais assis dans une salle de cinéma (le popcorn en moins). Comme au cinéma, mes pensées et mes sentiments fluctuent continuellement devant les images. J'en trouve certaines belles, certaines affreuses. J'aime cet acteur, cet autre moins. Certains films me passionnent, d'autres au contraire m'ennuient. Quoi qu'il en soit, ce film *agit* sur moi. Les images du film qui se joue « là, dehors » influencent énormément mes pensées et mes sentiments.

De quel type d'influence il va s'agir dépend fortement de moi. Si j'ai un faible pour les films romantiques, un film d'horreur me séduira moins. Si j'aime la science-fiction, un film historique m'ennuiera peut-être. Chacun a ses préférences et, par conséquent aussi, ses aversions bien spécifiques. C'est pourquoi, tout ce que je pense et ressens face au flot des images a à voir avec moi. Il y a en moi une instance qui évalue le film de vie qui se joue sous mes yeux. Comme au théâtre, à la fin, c'est le critique en moi qui juge le spectacle et, souvent, le condamne.

Observons de plus près mon film de vie. Qu'est-ce que j'en pense ? Avec la plus grande honnêteté et liberté d'expression, qu'est-ce qui m'empoisonne le plus l'existence :
- mon chef est un incapable,
- ma femme/mon mari ne m'aime pas assez,
- mon voisin est stupide,
- il fait beaucoup trop froid, trop chaud, trop humide ou trop sec ?

Nous nous arrêterons là. (Mais je pourrais longuement prolonger cette liste, pas toi ?) En résumé : je critique nombre de choses qui me semblent nulles dans ma vie. Mais ces choses se trouvent-elles dans mon monde extérieur ? Quand je (ou plutôt le juge en moi) pense ainsi continuellement, sur quoi cela rejaillit-il, en ce qui concerne mon monde intérieur ? Je suis nul ! En dépréciant mon monde extérieur, je me dévalorise moi-même en permanence. Mes enfants, qui ont très tôt appris cette leçon, disent dans ce cas :

> *Ce que tu dis des autres,*
> *tu l'es toi-même!*

Ou bien, quand je suis tenté par la critique facile, j'aime à me répéter ce proverbe :

> *On voit la paille dans l'œil de son*
> *voisin, mais pas la poutre*
> *dans le sien!*

Tant de choses dans ma vie sont-elles vraiment mauvaises ou graves? Pauvre de moi! Quand je pense ainsi (et pour être honnête, c'est souvent le cas, parfois même une journée entière), ce n'est vraiment pas un sentiment agréable! Bien sûr, ce processus est inconscient; il échappe à la conscience quotidienne.

Mais, tapie dans l'ombre, une petite voix ne cesse de me susurrer: «Tu es nul. Tu es nul.» Ce juge ne fait en réalité que me critiquer sans que j'en aie conscience. L'intérieur reflète l'extérieur. L'extérieur reflète l'intérieur. Voici quelques-unes des conclusions qui y sont associées :

– « Tu parles aux autres de la façon dont tu te parles à toi-même. » – « La façon dont tu parles des autres est la façon dont tu te parles intérieurement à toi-même. »
– « Ce que tu penses de toi-même, tu le penses aussi des autres. » – « Ce que tu penses des autres, tu le penses aussi de toi-même. »
– « Tu traites les autres de la façon dont tu te traites toi-même. » – « Tu te traites de la façon dont tu traites les autres. »
– « La qualité de ta relation à toi-même reflète la qualité de tes relations à autrui. »

Avec le Hoppen, tu améliores tout simplement ta relation à toi-même. Et ainsi, chaque relation dans ta vie s'améliore automatiquement. En effet, le Hoppen te pardonne et pardonne aux autres, vous qui formez une seule et même personne.

Le Hoppen ne fait pas de distinction entre toi et moi. Quand je réussis à pardonner à autrui, je parviens toujours mieux à me pardonner à moi-même.

Critiquer les autres en permanence ne me fait pas de bien. (Si j'étais tout à fait honnête avec moi-même, je pourrais le sentir aisément.) Mais le pire dans tout cela, c'est qu'ainsi, je ne m'aime pas. Et quand je ne m'aime pas « intérieurement », je ne peux pas faire l'expérience de l'amour à l'extérieur.

C'est pourquoi je me sens souvent mal aimé. Mon juge me refuse l'accès à l'amour, même lorsque celui-ci frappe à ma porte. Ma mentalité destructrice m'empêche de voir l'amour autour de moi et de me sentir aimé. Là aussi, une réorientation de la pensée est nécessaire, pour faire taire ce juge intérieur.

Enfin, je remarque aussi que je me saborde souvent. Au lieu de râler et de me lamenter, je devrais faire plus souvent preuve de compassion envers les autres, ce qui me permettrait de voir aussi le bon chez eux. Au lieu de juger, j'avance vers l'amour. Et automatiquement, mon amour pour moi grandit aussi.

Si tu juges les gens,
tu n'as pas le temps de les aimer.
MÈRE TERESA

Hoppen

*L'amour te confère la richesse,
il nourrit le trésor qui est en toi ;
les portes du ciel s'ouvrent dans la liesse
quand les âmes, en partage, se côtoient.*

Mais qu'est-ce que le Hoppen exactement ? C'est pour moi la forme la plus puissante et efficace de réconciliation intérieure. Le « truc » – comme je l'ai décrit – consiste à me considérer comme étant relié à tous les événements qui se produisent autour de moi et ainsi à assumer mes coresponsabilités. Tout dans mon monde est en résonance avec moi. En cessant de renvoyer la responsabilité de mon existence sur les autres ou sur l'univers, ma conscience évolue du rôle de victime à celui de créateur de ma vie. Ce n'est plus alors la faute de personne ! Je commence au contraire à pardonner aux personnes qui m'entourent. Ce faisant, selon le principe « L'extérieur reflète l'intérieur », je parviens aussi à me pardonner.

En te pardonnant, je me pardonne aussi à moi-même.

Et quoi qu'il arrive : je participe toujours aux événements. Dans ma vie, je suis toujours impliqué dans les choses qui m'arrivent. Mais j'ai tendance à l'oublier facilement. La seule personne à participer à tous les événements de ma vie, c'est moi.

Tu ne te quittes jamais, quoi qu'il arrive.

Pour qu'un changement positif puisse avoir lieu dans ma vie, je dois m'en remettre à moi-même.

L'univers est conçu de telle sorte que les autres sont mon propre reflet, et *vice versa*. Je me vois dans les personnes qui m'entourent. Les personnes que j'attire dans ma vie ne sont pas le fruit du hasard, mais le résultat de mon désir inconscient. Si je rejette un certain type de personnes, je peux être sûr de retomber toujours sur de tels «individus». C'est que l'univers souhaite que je devienne complet. Et quand nous rejetons une partie de nous – C.G. Jung l'appellerait notre «part d'ombre» – l'univers ne cesse alors de nous répéter: «Tu te trompes. C'est aussi une part de toi. Tu la rejettes? Très bien, mais je vais l'envoyer dans ton entourage. Peu m'importe si tu veux l'éprouver toi-même, ou par le biais de ton entourage.»

> *La part d'ombre que je rejette
> finit par arriver de l'extérieur
> comme un destin.*
>
> C. G. JUNG

Ma part d'ombre représente mes défauts, la part inconsciente, refoulée de moi-même. C'est la part sombre à laquelle je ne souhaite pas me confronter, et que j'essaie de dissimuler aux autres. Parce que j'aimerais mieux m'en débarrasser, je l'enfouis profondément dans mon subconscient. Mais cela ne fonctionne pas, car cette zone d'ombre fait partie de moi. Elle transparaît dans ma vie, et entre en résonance avec l'extérieur. Et elle ne cesse de me causer des problèmes – pour être vue et guérie de moi.

Je ne peux nier ma part d'ombre. L'ombre naît de la lumière. Si j'essaie de fuir cette part de moi, elle, me rattrape. Elle me colle à la peau et je ne peux la semer. Avec Hoppen, j'affirme :

> *D'accord, j'ai une part d'ombre.*
> *Et je l'aime. Elle fait aussi partie*
> *de moi. Je l'accepte entièrement.*
> *Je cesse de lutter. Je l'intègre en moi.*
> *Et plus j'accepte cette part d'ombre,*
> *plus j'accepte celle de mes semblables.*

Voici un exemple : si j'ai eu des expériences négatives avec des personnes agressives, il est normal que je ne souhaite pas me confronter aux mêmes aspects « malveillants » de ma personne. Cela peut s'exprimer de façon si extrême que j'essaie d'être uniquement gentil et doux et que je réprime toute forme d'agressivité, même la plus légère. Je dis alors oui à tout, et n'ose plus jamais dire non. Mais bizarrement, des personnes dominatrices me guettent alors à tous les coins de rue. Et plus j'essaie de les éviter, plus je les rencontre. L'univers me dit alors : « Tu fais comme tu veux, si tu préfères vivre les choses de cette façon. Mais l'agressivité fait aussi partie de toi. Tu peux la vivre raisonnablement, comme une capacité par exemple à t'affirmer dans certaines situations ou comme un moteur dans le sport. Mais si tu la rejettes complètement, elle réapparaîtra comme par magie, et de plus en plus souvent, dans ton environnement. »

Le rejet est la plus grande force d'attraction dans l'univers !

Les personnes « problématiques » dans mon entourage me montrent donc quelle part de moi-même je rejette encore. Comme un miroir, ils me montrent quels sont les aspects que je devrais montrer davantage. En commençant comme dans l'exemple mentionné à vivre activement mon côté agressif, en faisant par exemple du rugby ou en jouant quotidiennement à la bagarre avec mes enfants, mes problèmes avec des personnes « malveillantes » s'évanouissent tout naturellement – car j'apprends alors à montrer ma force et à l'utiliser à bon escient.

Conclusion : si les autres sont un miroir de moi-même, quelle part d'humanité exigent-ils de moi ? Qu'ai-je à apprendre de cette confrontation avec une personne que je rejette ? Les personnes qui me posent problème sont là pour me faire évoluer ; elles m'invitent à dévoiler les facettes de mon être que j'ai jusqu'alors soigneusement dissimulées.

Que souhaite m'enseigner cette personne ? Quelle part de moi dois-je laisser s'épanouir avec son aide ? Le Hoppen m'exhorte à entrer en moi et à intégrer tous les aspects de mon être que je refuse encore.

À l'heure actuelle, il semblerait que nous nous trouvions sur une sorte de roue (le bouddhisme parle de « roue de la vie »). Cette roue ne cesse de tourner, et nous tournons avec elle. Maintenant, tout dépend sur quelle partie de la roue nous nous trouvons. Admettons que nous soyons au centre d'un rayon, nous pouvons alors continuer dans deux directions : vers l'extérieur en direction de la courroie, ou vers l'intérieur en direction du moyeu. Si nous prenons le chemin de la courroie (si nous cherchons donc vers l'extérieur), nous tournons de plus en plus vite. Le rythme de notre vie s'accélère et nous risquons de nous perdre toujours un peu plus. En prenant au contraire le chemin du moyeu (le chemin vers l'intérieur), notre vie ralentit et se détend de plus en plus. Enfin, si nous visons le centre de la roue, nous atteignons «l'œil du cyclone». Là règnent le calme, l'équilibre et l'harmonie. À cet endroit, en notre centre, à notre point d'ancrage, nous nous rencontrons vraiment. Le Hoppen nous conduit vers cet endroit. Du point de vue purement physique, c'est le cœur qui forme notre centre. Nous y accédons quand nous commençons à aimer.

Dans les chapitres suivants, je vais te présenter le Hoppen tel que je le pratique et le transmets dans mes séminaires, à savoir à travers :
- la technique du cœur,
- la technique de la double compréhension,
- la technique de l'amour et
- le journal des miracles.

La technique du cœur

*Cœur, source de mon amour,
cher cœur, mon amour tu es ;
ce que je te confie et t'avoue,
tu le guéris à jamais.*

La technique du cœur constitue la partie essentielle du Hoppen. Dans ma pratique, elle a pris une place de plus en plus importante ces dernières années. Dans l'intimité, Bärbel et moi surnommions cette forme de Hoppen «la technique Manfred», car j'ai toujours aimé travailler avec cette technique. J'ai longtemps souhaité trouver une méthode centrée sur le cœur et sur l'amour. La technique du cœur me permet d'extérioriser l'amour qui est en moi. Au lieu de ressasser et de ruminer les causes d'un problème, je laisse la raison de côté et confie les rênes à l'amour dans mon cœur.

En cas de conflit, je peux ainsi reconnaître : avec les yeux de l'amour, ne peut me blesser qu'une personne blessée elle-même.

De même, l'extérieur ne peut me blesser que si je porte déjà cette blessure en moi, sinon personne ne pourrait me faire de mal. La personne « extérieure » ne ravive ma blessure que dans un seul but : elle-même être guérie. Si j'étais déjà guéri, solide et en paix avec moi-même, je pourrais regarder chaque événement avec les yeux de l'amour. Et je ne pourrais jamais me sentir blessé, car je n'aurais jamais perdu le lien avec ma source intérieure :

Toi et moi ne faisons qu'un.
Je ne peux te blesser
sans me blesser moi-même.

MAHATMA GANDHI

La technique du cœur m'en offre la preuve pratique : l'amour est la plus grande force dans l'univers. Quand je m'en remets à l'amour, tout devient possible. Au fond, la technique du cœur est une forme moderne de prière, par laquelle je me tourne vers l'amour en moi, pour résoudre les problèmes et être plus heureux. Si toute chose, le monde entier, est fait de lumière et d'amour, alors l'amour peut aussi tout transformer.

Si je me relie à l'amour qui émane du cœur, c'est comme si je remettais tous les compteurs à zéro. Je retourne à la source, à l'origine de tout ce qui a été créé. Mon disque dur, plein de modèles de pensée néfastes, est nettoyé et redémarré. Quand l'amour est le seul lien que je nourris, tous mes problèmes disparaissent.

Qui se fie à son cœur évolue bien au-delà de l'intelligence humaine, qui est limitée. L'amour est une autre sphère, dans laquelle nous nous développons comme humanité. C'est pourquoi nous ne pouvons comprendre comment agit l'amour et ce qu'il accomplit. Pour travailler avec l'amour, il faut accepter de faire confiance et avoir le courage de perdre la tête!

La technique du cœur me relie à la sphère inconsciente en moi, qui permet l'accès à l'amour et, ainsi, à la source de toute chose. Au contact de l'amour, tous mes blocages disparaissent et j'assiste à une renaissance en moi. Des miracles de toute sorte sont alors possibles.

Ho'oponopono

*Amour, libère-nous de nos chaînes,
qui jadis limitaient notre être ;
laisse notre étoile apparaître,
et mène-nous vers une Terre saine.*

Au début de notre travail avec Ho'oponopono, Bärbel et moi avons aussi utilisé les phrases classiques de cette méthode ancestrale pour résoudre un problème. Ho'oponopono signifie retrouver la paix avec soi-même et son environnement. *Ho'o* signifie littéralement « faire quelque chose » et *pono* signifie en substance « bon » ou « dans le bon sens ». Donc, si j'utilise la technique Ho'oponopono, je « fais quelque chose » pour « retrouver le bon sens de ma vie » ou pour « corriger quelque chose ».

Les Hawaïens confient cette tâche à un prêtre. Dans la forme originelle de Ho'oponopono, afin de remettre les choses dans le droit chemin, ils recherchent le lien au Saint-Esprit, à l'univers ou à la source de toute chose. Le prêtre les aide à établir ce lien.

Dans les formes plus modernes de Ho'oponopono, le pratiquant établit lui-même le contact avec son inconscient. La prière ou la méditation peuvent l'y aider. Le succès de cette technique repose dans tous les cas sur le retour à la source profonde, intime, de toute chose. Comme dans tout exercice en général, Ho'oponopono dépend entièrement (et le Hoppen aussi bien sûr) de l'attitude intérieure de la personne qui le pratique. Si je ne m'entraîne pas régulièrement, cela ne marchera pas. Si je pratique sans entrain, le résultat sera peu satisfaisant. Si je pratique au contraire avec passion et souvent, le succès sera bientôt au rendez-vous. La maîtrise ne tombe pas du Ciel.

Avant d'utiliser Ho'oponopono, je dois donc d'abord me relier à mon être profond et à mon moi supérieur. Si j'ai un problème ou un conflit à résoudre, je prends le temps de pratiquer Ho'oponopono et prononce intérieurement ces mots :

Je suis désolé.
Je me pardonne.
Je m'aime.
Merci.

Je pense ces phrases comme un mantra – en une prière silencieuse – et implore la clarification de mon problème. Je me tourne vers l'intérieur, vers la source de la création en moi, et me dis à moi-même : « Je suis désolé » d'avoir créé ce problème dans ma vie. « Je me pardonne » cette circonstance, et « je m'aime » entièrement, même si ce problème vient de moi. Enfin, je dis « merci » pour exprimer que le changement a déjà eu lieu. Je me félicite (c'est-à-dire la partie divine en moi) d'avoir rétabli l'harmonie à l'intérieur, et donc aussi, à l'extérieur. Merci. Je me remercie.

Je répète ces quatre phrases jusqu'à avoir le sentiment que quelque chose se libère et qu'une sensation de légèreté m'envahit. Dans tous les cas, il convient de se donner du temps pour pratiquer, et de le faire dans le calme.

L'amour guérit

*Mon moi profond se souvient
de l'âme qu'il fut;
dans l'unité le « je » n'existait point,
seul l'amour y vécut.*

Dans ces quatre phrases Ho'oponopono...

---

*Je suis désolé.
Je me pardonne.
Je m'aime.
Merci.*

... l'amour joue un rôle primordial. Il est au centre, et pas seulement dans la phrase : « Je m'aime. » Les trois autres phrases aussi sont des déclarations d'amour. Elles parlent de clémence, de pardon et de remerciement. Pour moi, l'amour est le dénominateur commun de ces trois notions. Lorsque je m'excuse, je suis dans l'amour. Quand je pardonne à quelqu'un, je suis dans l'amour. Quand je me remercie, je suis dans l'amour. La reconnaissance est même devenue pour moi une sorte de « monnaie » de l'amour, que les êtres humains s'échangent, qu'ils estiment et reconnaissent mutuellement.

La technique du cœur accorde une importance particulière à l'amour. C'est pourquoi, dans la première forme que je vais maintenant vous présenter, j'ai étoffé ces phrases et choisi des formulations qui me permettent d'accéder facilement à l'amour qui émane du cœur. Grâce à elles, je peux aussi m'adresser à la part de moi qui est à l'origine du problème, et l'accueillir dans mon cœur, qui est l'endroit où l'amour peut agir au mieux.

La première forme de la technique du cœur

Chaque fois qu'un problème se présente à moi, je l'accueille dans mon cœur et prononce intérieurement ces phrases :

Peu importe ce que ce problème a provoqué dans ma vie, cela a à voir avec moi. Et j'aime la part de moi qui a engendré ce problème, je l'accepte complètement. Je pardonne à cette part de moi. Je la remercie. Je lui transmets tout mon amour.

Je répète cette formule plusieurs fois. La plupart du temps, je ressens ce faisant un sentiment spécifiquement lié à mon problème.

J'accueille également ce sentiment dans mon cœur et lui envoie mon amour. Je répète ces phrases jusqu'à ce que je me détende intérieurement et me sente bien. Cette formule n'est pas figée, tu peux tout à fait adapter ces phrases en fonction de ton ressenti.

Questions fréquentes

*Le cœur aime à aimer,
cela le fait grandir;
ce refuge, toujours, t'est assuré
si à l'amour tu aspires.*

Je le répète : la technique du cœur consiste avant tout à laisser parler son cœur plutôt que sa raison. En quittant la sphère du jugement et de la critique, j'ai déjà franchi l'étape la plus importante. Mais, bien entendu, la raison aussi veut y trouver son compte, et les questions se bousculent autour de celui qui commence à aborder la technique du cœur.

1. *Dois-je connaître cette partie que je veux aimer et accepter dans mon cœur ?*

Non, et c'est bien ainsi. Pendant plus de vingt ans, j'ai souvent tenté, tant bien que mal, de résoudre ce problème à l'aide de ma raison, avec peu de succès. Quand je me tourne vers l'amour dans mon cœur, je m'en remets à lui. L'amour connaît la solution à mon problème. Moins je pense à la technique du cœur en la pratiquant, mieux c'est. Hoppen me montre parfois d'où pourrait venir la part de moi qui me crée des problèmes. La technique de la double compréhension en particulier peut grandement nous éclairer à ce sujet (voir page 55) – mais avec cette technique, je ne peux jamais être sûr de la véracité de ma réponse. Peu importe, j'aime cette partie de moi qui a engendré mon problème. Même si je ne la connais pas. Il se pourrait même que trop de connaissance m'empêche d'écouter mon cœur. Dans le Hoppen, une naïveté saine s'avère une aide précieuse.

2. Comment l'amour parvient-il à trouver cette partie de moi ? Et comment au juste la guérit-il ?

Mon expérience du Hoppen m'a montré ceci : l'amour trouve cette part de moi, il la connaît et en sait de toute façon bien plus que ma conscience quotidienne. Si j'entre en contact avec l'amour dans mon cœur, alors la guérison devient possible. Et les miracles aussi. Les Hawaïens disent que cette technique de pardon libère tous nos blocages, actuels et ancestraux. Et je ne peux de toute façon comprendre l'amour. Les miracles ne s'expliquent pas – et ils ont pourtant lieu.

Si Dieu a véritablement créé le monde, son souci principal n'était sûrement pas de faire en sorte que nous puissions le comprendre.
ALBERT EINSTEIN

---

3. Comment puis-je «entrer dans mon cœur»? C'est impossible!

L'expérience que j'ai faite avec mes participants est la suivante: chacun peut entrer en contact avec son cœur. Même ceux qui ont encore peu d'expérience, voire aucune en matière de méditation ou de détente. L'intention pure compte. La chance sourit aux courageux:

Commence par faire le nécessaire, puis fais ce qui est possible de faire, et tu réaliseras l'impossible sans t'en apercevoir.

SAINT FRANÇOIS D'ASSISE

Exercices pour trouver le chemin du cœur

*L'ombre dévoile sa lumière,
aie confiance en chaque nouvelle entreprise,
le vaste ciel devient clair
lorsque la glace en nous se brise.*

Ces questions posées par les participants m'ont poussé à élaborer une série d'exercices qui pourront t'aider à trouver le chemin du cœur. Les trois plus importants te sont présentés ci-dessous. Avec leur aide, les novices, les « jeunes Hoppen » parviendront également à écouter leur cœur.

EXERCICE 1 :
SENTIR SON CŒUR

Prends une pause d'un quart d'heure et assieds-toi dans un endroit calme – au mieux le matin tôt ou le soir tard, car ce sont les moments où tu seras le moins dérangé. Tu peux méditer assis sur une chaise ou sur un coussin de méditation.

> IMPORTANT : NE PRATIQUE JAMAIS CET EXERCICE NI AUCUN DE CE LIVRE EN POSITION ALLONGÉE !

Commence par faire quelques respirations profondes, puis ferme les yeux et pose tes deux mains au centre de ta poitrine, peu importe laquelle est en dessous de l'autre. Maintenant, sois à l'écoute de ce qui se passe, et demande-toi tout au long de l'exercice :

Comment je me sens en ce moment ?

Continue à respirer profondément et sois à l'écoute de ce qui se passe en toi. Que ressens-tu ? Une chaleur commence par gagner ta main, chaleur dont tu ne sais si elle vient de ton cœur ou de ta main elle-même. Ensuite, ta respiration devient consciente, car tu sens ta poitrine se lever et s'abaisser sous tes mains. Parfois, tu peux même sentir ton pouls ou remarquer comment bat ton cœur. Laisse cette chaleur s'étendre à toute ta poitrine. Goûte cette chaleur et garde ton attention focalisée sur la sensation dans tes mains, dans ta poitrine et dans ton cœur – fais-le aussi longtemps que cela t'est agréable.

EXERCICE 2 :
LAISSER RAYONNER LE CŒUR

Là encore, prends un quart d'heure pour méditer. Fais quelques respirations profondes jusqu'à ce qu'une agréable détente intérieure s'installe.

Comme dans l'exercice précédent, prends contact avec ton cœur. Imagine maintenant que l'amour dans ton cœur s'éclaire comme une lampe ou un feu.

Cette lumière a peut-être une couleur particulière, peut-être même scintille-t-elle. Imagine maintenant que lorsque tu inspires, ton souffle circule aussi dans ton cœur et qu'il s'en échappe quand tu expires.
Comme dans la cheminée d'un forgeron, ton souffle circule maintenant au-dessus du feu, et attise l'amour dans ton cœur. Dans cet exercice, tu es ton propre soufflet. Chaque respiration avive un peu plus la lumière et le feu dans ton cœur, de sorte que la petite lueur initiale devient bientôt un feu ardent. Poursuis cet exercice aussi longtemps que cela t'est agréable.
Que ressens-tu ?
Écoute ce qui se passe en toi.

EXERCICE 3 :
LE SOUFFLE DE L'AMOUR

Commence par prendre contact avec ton cœur comme dans l'exercice 1 ou 2, jusqu'à ce qu'un sentiment intérieur de bien-être t'envahisse. Focalise-toi sur ta respiration pendant une ou deux minutes. Puis, comme dans l'exercice 2, respire dans ton cœur. Imagine qu'à chaque inspiration, ton cœur se remplit et s'élargit – et qu'à chaque expiration, il se vide et se rétrécit.

Après avoir fait cela plusieurs fois, imagine que le souffle qui circule dans ton cœur se remplit d'amour. Imagine ensuite que cet amour du cœur – sous forme de lumière et de feu – gagne ton souffle. Laisse maintenant ton souffle circuler dans ton corps, puis expire ton amour. Entoure-toi de cet amour, en prononçant mentalement cette affirmation :

Je m'entoure du souffle de mon amour.

Imagine que ton souffle lumineux t'enveloppe entièrement, et que la lumière autour de toi s'intensifie à chaque respiration. Continue à respirer ainsi aussi longtemps que cela t'est agréable, avant d'achever l'exercice.
Comment te sens-tu lorsque tu es dans le souffle de ton amour ?

Tu peux pratiquer ces trois exercices chez toi, dans l'ordre présenté. Le mieux est de pratiquer pendant un moment l'exercice 1, puis d'intégrer petit à petit les exercices 2 et 3. Fais ce qui te semble le mieux pour toi. L'entraînement fait le maître ! Dans la méditation, aie pour intention d'établir un lien direct avec ton amour. L'intention est primordiale.

La forme actuelle de la technique du cœur

Doucement, l'amour te pousse
à révéler ton potentiel,
alors jaillissent de jeunes pousses
qui grandissent jusqu'au ciel.

Aujourd'hui, je pratique la technique du cœur de cette manière : j'établis d'abord un puissant lien avec mon cœur, en pratiquant dans l'ordre les trois exercices précités ; puis, je prononce intérieurement ces phrases désormais familières :

Peu importe ce que ce problème a provoqué dans ma vie, cela est lié à moi. Et j'aime la part de moi qui a engendré ce problème, je l'accepte complètement. Je pardonne à cette part de moi. Je la remercie. Je lui transmets tout mon amour.

Dans cette nouvelle variante, j'utilise directement l'amour du cœur pour transformer l'aspect de moi en relation avec mon problème. J'ajoute ainsi :

J'accueille dans mon cœur la partie de moi qui est en lien avec mon problème extérieur. Et cette part de moi, je l'enfouis dans mon cœur, dans le souffle de mon amour. J'entoure cette part de moi d'un cocon d'amour, de sorte qu'elle ressemble finalement à une chrysalide, qui deviendra bientôt un somptueux papillon. J'offre tout mon amour à cette part de moi.

Pour renforcer cette affirmation – et afin que tu trouves le lien le plus direct possible à l'amour que renferme ton cœur – tu peux imaginer une situation dans laquelle tu étais vraiment en amour. Souviens-toi de tes premiers émois, de ton mariage, ou de la première fois que tu as tenu ton nouveau-né dans les bras. Invite cet amour que tu as ressenti alors, et que tu viens de rappeler à ton sentiment et à ta mémoire, dans ton cœur. Et envoie-le à cette part de toi qui est à l'origine de ton problème. Demande à ton amour de t'aider à transformer cet aspect de toi. Ce faisant, considère ceci : la qualité prime sur la quantité. Privilégie donc un exercice court et intense. La durée de l'exercice est secondaire.

Il est par ailleurs important pour le succès de ce rituel de donner des « consignes » claires :

– J'invite l'amour en moi.
– J'accueille la partie problématique dans mon cœur.
– Je focalise mon attention sur la partie problématique en moi.
– Je l'entoure du souffle de mon amour, et je lui demande de la transformer.

N'hésite pas à formuler ces phrases autrement si cela te paraît plus juste pour toi. La seule chose importante est d'utiliser des consignes claires afin que l'amour comprenne ce que tu attends de lui.

Faire taire
le juge intérieur

*L'amour ne se perd jamais,
il grandit et croît sans borne ;
ce qui est né de l'amour vrai
demeure sacré, donne et pardonne.*

L'instance en nous qui nous empêche le plus d'appliquer la technique du cœur est le très célèbre juge intérieur. Il nous fait douter de notre capacité à pouvoir aimer et être aimé. Certains pensent peut-être qu'ils doivent pour cela passer au préalable vingt ans dans une grotte dans l'Himalaya. Certains encore se sentent incapables de méditer, et d'autres pensent qu'ils ne sont pas encore prêts à cela. Ce qui est dommage dans tout cela, c'est que lorsque nous doutons réellement de pouvoir faire quelque chose, cela devient réel :

---

*Que tu penses que tu peux,
ou que tu penses que tu ne peux pas,
ce qui est sûr : tu as raison !*
HENRY FORD

Notre juge intérieur dira alors : « Tu vois, j'avais encore raison. » Ce à quoi nous nous attendons finit par arriver. Ceci explique aussi ce que nous avons vu au début : « L'extérieur reflète l'intérieur. » Lorsque nous entretenons intérieurement le doute, ce qui correspond à ce doute finit par se produire. Avec l'aide de l'inconscient, nos pensées et nos sentiments sont bien plus créateurs de notre réalité que notre raison ne pense l'être. La seule personne qui limite nos possibilités, c'est nous-mêmes :

Faire taire le juge intérieur

*Nous sommes ici aussi, comme
partout dans notre vie,
notre propre limite.*

Pour le dire avec les mots de la technique du cœur : il existe une part de nous qui nous entrave et qui nous fait agir en deçà de nos possibilités. C'est notre juge intérieur qui doute et nous freine. Pour repousser ces limites que nous nous mettons nous-mêmes, de par nos systèmes de croyances, nos modèles de pensée et nos expériences douloureuses, le mieux est d'appliquer ici et maintenant la technique du cœur, en conviant aussi notre juge intérieur :

J'accueille dans mon cœur cette part de moi qui ne cesse de me limiter et de mettre des barrières dans ma vie ; dans mon cœur, j'entoure ce résistant intérieur d'un ruban de lumière et d'amour. À l'aide de mon souffle, j'entoure cette partie de moi d'un cocon d'amour, je la charge de tout mon amour. Et je demande à l'amour dans mon cœur de guérir cette part de moi, afin qu'elle puisse devenir papillon.

Si tu penses ces mots en ayant l'intention claire de guérir cette part de toi, alors l'amour t'aidera – même si tu n'es pas un maître indien, même si tu n'as pas d'expérience en méditation et même si tu es sûr de ne rien connaître à l'amour. La technique du cœur est une méthode ouverte à tous. Tu dois simplement faire du mieux que tu peux. Les portes du cœur s'ouvrent à toute personne qui essaie de les franchir avec conviction. Le Ciel aidera toujours celui qui souhaite vraiment guérir.

La technique de la double compréhension

*Mon amour est terrestre et vit
dans chaque chose que j'aime;
amour, demain tu naîtras à la vie
en me laissant devenir toi-même.*

La technique de la double compréhension est une invention de Bärbel, c'est pourquoi nous la surnommions entre nous « la technique Bärbel ». Pour elle, il était primordial de pouvoir développer de la compassion pour autrui. Il peut s'agir, lorsqu'un conflit est déjà bien installé, du premier pas de deux personnes l'une vers l'autre. Dans ce cas, les Amérindiens ont une expression qui dit que l'on devrait marcher pendant toute une lune dans les mocassins de l'autre : si deux personnes sont fâchées, observer le monde avec les yeux de l'autre est une aide précieuse.

C'est exactement dans ce sens que Bärbel interprétait Ho'oponopono. La compréhension était très importante pour elle, c'est pourquoi il lui était très utile lors de disputes, par exemple, de saisir le contexte dans lequel se trouvait l'autre personne. Si elle découvrait une raison convaincante pour laquelle quelqu'un s'était montré irrespectueux ou agressif envers elle, alors il lui était facile de développer de la compassion pour cette personne. La justification du comportement étrange d'un tiers l'a beaucoup aidée à regarder cette personne avec les yeux de l'amour. Et étant donné qu'un conflit implique deux personnes, (que tu veuilles bien le croire ou non), les tensions disparaissaient alors souvent d'elles-mêmes. Elle parvenait ainsi très souvent à mettre un terme à son conflit intérieur. Et le conflit extérieur lui emboîtait ensuite gentiment le pas.

La technique de la double compréhension

Voici comment pratiquer la technique de la double compréhension dans sa forme originelle :

1. Tu as un problème avec une personne et tu souhaites sincèrement apaiser ce conflit ou ces tensions avec elle.

2. Pour comprendre pourquoi cette personne se comporte ainsi envers toi, pose-toi cette question : « Si je me comportais comme cette personne, pourquoi le ferais-je ? Que ressentirais-je alors ? » Il est utile pour cela de fermer les yeux ou de méditer un instant sur cette phrase.

3. Lorsque tu découvres une raison ou un sentiment qui explique pourquoi tu te comporterais ainsi si tu étais cette personne, dis-toi alors mentalement : « Je suis désolé. Je m'aime. » Ces phrases, c'est à toi-même que tu les dis ! C'est déjà tout. C'est la première partie de la technique de la double compréhension.

« Je suis désolé. Je m'aime. » Tu ne le dis qu'à toi-même, car tu t'es finalement demandé ce qui aurait pu se passer pour que tu te comportes ainsi. C'est essentiel. Tu ne seras jamais sûr si ta réponse à cette question explique bel et bien le comportement de l'autre. Mais ce n'est pas l'objectif ici. Tu découvres cependant quels sont les raisons et les sentiments qui te pousseraient à agir comme cette personne. Et de cette manière, tu guéris en toi la résonance qui y correspond.

Au fond, tu endosses un peu plus la responsabilité du comportement querelleur de l'autre. C'est que l'autre ne peut se comporter envers toi de cette façon que parce que tu portes en toi le potentiel d'un tel comportement. Tu guéris ainsi simplement ta résonance envers l'autre. Et lorsque cette résonance en toi a disparu, l'autre doit alors chercher un autre « partenaire d'entraînement » ou cesser d'adopter ce comportement.

Si tu adoptes réellement ce point de vue sur les choses, tu ressentiras une grande libération. Dans ta vie, tu as certainement déjà eu une ou même plusieurs relations intimes, et peut-être te sens-tu parfois complètement désespéré lorsque ton compagnon ou ta compagne t'a mis hors de toi par son comportement. Répète alors cette phrase à nouveau :

L'autre ne peut se comporter envers toi de cette façon que parce que tu portes en toi une résonance à ce comportement !

Guéris ta résonance et l'autre ne pourra plus t'atteindre comme avant. Il changera son comportement, car tu auras changé.

Pour Bärbel et moi, cette prise de conscience a durablement transformé notre relation. Lorsqu'elle m'énervait, elle pouvait me dire : « Si je suis si bête, c'est pour répondre à ta résonance. C'est toi le responsable ! » Si je l'énervais, ma réponse était la suivante : « Qu'est-ce que j'y peux si je dois répondre à ta stupide résonance ? J'aimerais bien agir autrement, mais tu ne me le permets pas ! »

Vous commencez à comprendre ?

Le comportement de mon entourage envers moi reflète mes pensées intérieures. Si une partie de moi cherche la guérison, la résonance m'envoie des personnes qui « m'offrent un problème ». Précisément en couple, mon mari ou ma femme ne peut faire autrement que d'appuyer sur mes « points faibles ». La résonance « pousse » pour ainsi dire les personnes de mon entourage à ce comportement désagréable et problématique – afin que je reconnaisse cette résonance et puisse chercher la guérison. De cette façon, je suis le reflet, bien entendu inconscient, de mon entourage. Du fait de la résonance, c'est toujours moi, et moi seul, que je vois.

La technique de la double compréhension m'a été très utile ces dernières années, chaque fois que je me suis senti blessé par quelqu'un et que mon ego cherchait à se révolter. J'ai jusqu'à aujourd'hui abordé et résolu des centaines de conflits à l'aide de la technique

La technique de la double compréhension

de la double compréhension. Et il n'y a pas eu une seule fois où je n'ai trouvé aucune résonance à un comportement agressif ou injuste envers moi. Je trouve toujours quelque chose à guérir. Il existe toujours des raisons cachées qui peuvent expliquer le comportement malveillant ou égoïste d'une personne. Je peux ainsi le comprendre et avoir un point de repère qui me permette de ne plus seulement interpréter son comportement comme une attaque. Je peux alors y voir l'expression de son problème intérieur et de sa profonde part d'ombre.

Personnellement, j'ai reconnu ceci : quand quelqu'un veut me faire du tort, il ne peut essayer de le faire que parce qu'il est lui-même en conflit intérieur. Or il me revient de décider si je souhaite prendre part à ce conflit ou non. Au lieu de lutter sans cesse (car ce faisant je ne change absolument rien), il est bien plus utile de regarder ma part d'ombre en face et de guérir ma résonance :

Je suis désolé!
Je m'aime!

Dans une deuxième partie de la technique de la double compréhension, je me demande pourquoi j'ai créé cette situation avec cette personne qui est problématique pour moi. Là encore, je peux souvent découvrir un sentiment en moi qui y fait écho. Lorsque je trouve cette raison ou ce sentiment, je le guéris aussi intérieurement par ces phrases :

Je suis désolé!
Je m'aime!

D'après mon expérience, les réponses de la première et de la deuxième partie de la technique de la double compréhension sont extrêmement liées entre elles. Les raisons possibles de mon comportement, que j'ai découvertes dans la première partie, sont souvent en lien étroit avec les réponses de la deuxième partie.

Consulter le cœur

Ici repose, onde marine,
la paix la plus profonde;
si tu fais le vide, cristalline,
l'unité viendra sans que tu la sondes.

Avec le temps, Bärbel et moi avons quelque peu transformé la technique de la double compréhension. J'ai tout d'abord remplacé les phrases qui guérissent ma résonance intérieure (à savoir: «Je suis désolé» et «Je m'aime»), par la technique du cœur. Quelles que soient les réponses que je trouve à ces questions:

- «Si je me comportais comme cette personne, pourquoi le ferais-je?» (première

partie de la technique de la compréhension), ou :
- « Pourquoi ai-je créé ce problème avec cette personne ? » (deuxième partie de la technique de la compréhension).

Je les accueille simplement dans mon cœur.

J'observe les réponses :

- comme une part de moi qui se comporterait de la même façon que la personne en question (première partie de la technique de la compréhension), ou :

- comme une part de moi ayant créé ce problème avec la personne en question (deuxième partie de la technique de la compréhension).

Ces parties de moi, je les accueille dans mon cœur, comme décrit plus haut, et leur envoie tout mon amour. Ces parties de moi ont aussi à voir avec le problème et, en conséquence, cherchent la guérison.

Dans un second temps, il s'est avéré que les réponses aux questions de la technique de la double compréhension s'améliorent ou se précisent lorsqu'elles sont posées directement à partir du cœur. En fait, dans cette nouvelle forme de questionnement, je demande directement à mon cœur de me donner une « bonne » réponse. Pour être capable d'entendre mon cœur, ma raison doit se taire et cesser de se mêler continuellement des choses. En cela, l'exercice suivant est utile.

EXERCICE :
CONSULTER SON CŒUR

Assieds-toi dans un endroit calme et agréable, où tu ne seras pas dérangé. Prends contact – comme décrit dans les exercices 1-3 de la technique du cœur – avec ton cœur. Puis, tout en maintenant ce contact, imagine que, du haut d'un point culminant, tu contemples la mer qui scintille sous le soleil. Au milieu de la mer, tu aperçois le reflet éclatant du soleil dans l'eau. Concentre-toi uniquement sur ce point et fonds-toi en lui. De petites vagues traversent ce point central : suis-les jusqu'au rivage. Lorsque tu es totalement détendu et que ta pensée s'est tue, pose-toi l'une des deux questions de la technique de la double compréhension :

- « Si je me comportais comme cette personne, pourquoi le ferais-je ? » (première partie de la technique de la double compréhension), ou (le cas échéant dans une deuxième interrogation) :

- « Pourquoi ai-je créé ce problème avec cette personne ? » (deuxième partie de la technique de la double compréhension).

Fais alors le vide en toi, et attends qu'une réponse te parvienne. Laisse cette réponse remonter jusqu'à ta conscience telle une bulle d'air qui monterait depuis la mer. Lorsqu'une ou plusieurs réponses te sont parvenues, accueille-les dans ton cœur comme parties de toi, comme dans la technique du cœur, et transmets-leur tout ton amour. Demande à ton amour de veiller à ta guérison.

Ce que ton cœur veut te dire

Le cœur participe entièrement ;
noyau de toute vie,
il me suit fidèlement,
lorsque je donne et remercie.

Lors de tes premières tentatives pour entendre ton cœur, ne t'attends pas à un roman. Libère-toi de l'idée d'attendre quoi que ce soit. Ton cœur possède sa propre manière d'entrer en contact avec toi. Lors de ta première approche, ton cœur se montrera plutôt craintif, un peu comme une biche sauvage, qui doit d'abord être mise en confiance avant d'oser s'approcher. Tu dois imaginer que ton cœur désire depuis toujours entrer en lien avec toi, mais que jusqu'ici, tu ne lui as prêté que peu ou pas du tout d'attention. Aujourd'hui, ton lien à lui est donc quelque peu rouillé ou peut-être même complètement neuf. Courtise-le donc gentiment, comme tu le ferais avec une femme ou un homme qui te plaît. Sois-en sûr : cela en vaut la peine.

Ton cœur trouvera alors de nombreux moyens de parler avec toi. La plupart du temps, il te transmet une réponse sous forme de sensation, d'images par exemple ou de souvenirs d'événements passés. Suis alors ce que tu ressens et laisse ce sentiment grandir. Que veut te dire ce sentiment ? Comment agit cette image en toi, qui se présente devant ton œil intérieur ? Quel sentiment associes-tu au souvenir qui est remonté en toi depuis ton cœur ?

Une fois le contact avec ton cœur établi, tu t'y sentiras bientôt comme chez toi, comme si tu retrouvais ton foyer. Ainsi, comme dans ton salon qui t'est familier et agréable, tu t'installeras bientôt dans l'espace coutumier de ton cœur. Tu peux t'y réfugier dès que tu le souhaites, pour puiser de l'énergie et te ressourcer.

Que ressens-tu lorsque tu poses tes mains sur ton cœur et que tu écoutes simplement en ton for intérieur ? La plupart des gens parlent d'un sentiment de protection, de chaleur, de calme, de joie ou encore de bonheur. Le contact avec leur cœur leur transmet ces sentiments positifs. Ton cœur peut aussi t'offrir de telles sensations ! Tout ce que tu as à faire, c'est rechercher un contact sincère avec lui.

Pour moi, le contact avec le cœur est une étape importante sur la route de l'amour de soi. Lorsque je trouve et nourris en moi des sentiments de paix, de détente et d'harmonie, je respire alors ces sentiments, qui se ressentent de l'extérieur. Par mon lien au cœur, j'élève mon propre niveau d'énergie et cherche de plus en plus à attirer dans ma vie des choses qui correspondent à ces sentiments. De cette manière, la paix intérieure attire encore davantage de paix, et le bonheur ressenti se manifeste toujours plus à l'extérieur. Le pertinent titre du livre de Eva-Maria Zurhorst prend alors tout son sens :

---

*Si tu t'aimes toi-même,
peu importe qui tu épouses.*

Ainsi, chaque contact avec ton cœur est salutaire. Chaque fois que tu écoutes ton cœur, tu te rapproches un peu plus de lui. Chaque fois que tu frappes à sa porte, ton cœur s'ouvre un peu plus et, sois-en sûr, il t'offre alors une multitude d'expériences fabuleuses :

---

*Je vivais jusqu'ici au bord de la folie,
cherchant sans cesse causes et raisons.
Toute ma vie, j'ai frappé à une porte…
Lorsqu'elle s'est ouverte, j'ai compris : j'avais
frappé de l'intérieur !*

RUMI

La technique de l'amour

Le bonheur, légèrement caché,
m'appelle, dans l'ici et maintenant –
à la fin d'une longue épopée,
je le découvre en moi-même, pleinement.

La technique de l'amour a elle aussi considérablement évolué ces dernières années, et pris une grande importance pour moi. Bärbel et moi avons imaginé cette variante du Hoppen pour ceux qui ne se sentent pas tout à fait à l'aise avec la technique du cœur et la technique de la double compréhension. Comme dit le proverbe : « Plus ma caisse à outils est remplie, plus j'ai de chances de pouvoir réparer ! »

La technique de l'amour part du principe très simple que tous mes comportements et ceux d'autrui ne traduisent que deux possibilités :

Il n'existe que l'amour ou un appel caché à l'amour.

Partant de ce postulat, imaginons qu'une personne t'énerve actuellement. Cette personne a fait quelque chose qui te blesse ou te contrarie. Manifestement, ce comportement n'avait rien d'aimant. En est-on sûr ? Et si cette personne n'avait fait là que lancer un cri d'amour ? Comment te comporterais-tu alors ? Cela mérite réflexion.

Est-ce que cela ne change pas fondamentalement la donne ?

Une amie commune de Bärbel et moi, Roswitha, a par exemple pu éviter, grâce à ces questions, un procès juridique dans sa vie professionnelle. Se trouvant alors dans une situation très procédurière, dans laquelle son partenaire professionnel avait déjà engagé un avocat et où apparemment rien n'allait plus, elle s'est souvenue de la technique de l'amour. Roswitha a simplement fait comme si le comportement de son adversaire n'était qu'un cri d'amour caché, et elle s'est demandé : « Que souhaite-t-il déclencher en se comportant ainsi ? » Elle s'est alors plongée en elle-même et a sondé son cœur. La réponse qu'elle reçut fut la suivante : « Cet homme veut seulement la reconnaissance et des compliments de ma part. Parce qu'il pense que je vais l'en priver, il fait appel à un avocat. Avec son aide, il souhaite obtenir cette reconnaissance devant un tribunal. Il se sent petit intérieurement. Au fond, cet homme est très faible. »

Roswitha ressentit alors de la compassion, car ce besoin de reconnaissance, elle l'avait bien sûr éprouvé elle aussi. Son énervement et sa colère à l'encontre de cet adversaire disparurent comme par enchantement. Elle se demanda comment ce cri d'amour pouvait être entendu de manière subtile. Elle trouva une solution : elle téléphona à son rival et lui fit les plus grands éloges concernant son formidable esprit d'équipe. Elle salua également son caractère en tant que personne, et elle s'excusa sincèrement pour les querelles des derniers temps. Elle lui demanda ce qu'elle pouvait faire pour régler ce conflit. En fait, Roswitha caressa tellement son collègue dans le sens du poil qu'il ne put faire autrement que de céder. Car ce qu'il voulait effectivement obtenir avec ce procès, à savoir la reconnaissance et les compliments de Roswitha, il venait à l'instant de les recevoir.

L'amour aussi dit non

*Le monde est rempli d'amour,
il agit sur toute chose et la fait évoluer ;
la graine est née de l'amour,
la graine avec laquelle tout a commencé.*

Je vais vous exposer un deuxième exemple, qui montre qu'il existe aussi une autre façon de répondre à un appel d'amour. Sachez, en effet, que la technique de l'amour ne consiste pas toujours à dire oui ou amen à toute chose, et d'être sans arrêt arrangeant. Ici aussi, je suis partisan de la « voie médiante » prêchée par Bouddha. Parfois, je suis empathique et je m'incline, mais je peux aussi être ferme et tenir bon. Cela dépend toujours de ce qui me semble juste sur le moment. Aujourd'hui, mon sentiment peut être très différent de celui d'hier. Et c'est pourquoi je me comporte différemment, en fonction de mon ressenti.

Dans une société où j'ai exercé précédemment, il y avait une femme de ménage avec qui je m'entendais bien. Chaque fois que je travaillais tard, elle venait dans mon bureau et nous bavardions un peu. Après quelque temps, nous avions noué une certaine amitié. Un jour, elle prit en me saluant un visage inquiet et commença à me dire des choses du genre : « Manfred, tu n'as pas l'air en forme aujourd'hui. Ça ne va pas ? Tu as sûrement des problèmes. »

La première fois, cela me surprit totalement. Je me plongeai en moi et constatai que son comportement me déplaisait fortement. C'est que j'allais, au contraire, très bien à cette époque. Mais s'il s'agissait d'un cri d'amour, que pouvais-je faire ? Je décidai de réagir de la façon suivante : lorsqu'elle me resservit la même tirade, je lui dis gentiment, mais fermement, que son discours ne me faisait pas du bien. Qu'elle devait cesser. Le succès fut pour le moins renversant : elle fondit en larmes et m'avoua qu'elle venait de se séparer de son conjoint.

Que s'était-il donc passé ? Cette aimable femme de ménage n'allait pas bien. C'est pourquoi elle projetait tous ses sentiments négatifs sur moi. J'en pris d'abord conscience en me demandant si son comportement ne cachait pas un cri d'amour. Je pus alors clairement me protéger de sa tentative de reporter ses problèmes sur moi. Elle cherchait au fond à susciter mon intérêt et à recevoir de l'amour, ce que je pus alors simplement lui offrir au cours d'un long entretien.

Tu as déjà sûrement rencontré ce type de comportement dans ton entourage. De nombreuses personnes ont tendance à empiéter sur la vie des autres. Mais ce comportement les isole, car tandis qu'ils s'immiscent dans la vie d'autrui, il n'y a plus personne pour s'intéresser à leur propre vie. La conséquence naturelle à cela est qu'ils se sentent malheureux et seuls. Pour ne pas ressentir cela, ces personnes s'immiscent encore davantage dans la vie des autres.

Une chose est sûre : celui qui subit de telles « attaques » doit s'y opposer fermement, en posant des limites ; en disant non à quelqu'un, je me dis en fait oui à moi-même.

---

*Très souvent,
un non à une tierce personne
est un oui à moi-même.*

Si je veux répondre à un cri d'amour, il est essentiel que je m'aime, pour que je puisse être fort et inébranlable. Ce n'est qu'alors que je peux m'occuper aussi des besoins des autres. Car si je ne me donne pas d'amour à moi-même, je n'en ai pas non plus à donner aux personnes autour de moi :

> *Tout l'amour de ce monde se fonde
> sur l'amour de soi.*
> MAÎTRE ECKHART

Je vais maintenant te présenter deux questions qui peuvent également être très utiles pour entendre un cri d'amour. Je peux en effet me demander : « Que ferait l'amour dans cette situation ? » ou encore écouter mon ressenti et me poser la question : « Qu'est-ce que cela me fait ? » Je peux ainsi commencer à agir sur ce sentiment en fonction de la réponse obtenue.

Que ferait l'amour ?

*Nous ne faisons qu'un, et demeurons,
à travers le temps et l'espace, inséparables ;
amour, imprime en moi ta pulsation,
que je reconnaisse l'unité en mon âme.*

En juin 2012, un sympathique jeune homme nommé Sandro vint me voir et me montra un petit bracelet bleu sur lequel était écrit : « Que ferait l'amour ? » L'idée me séduisit instantanément, c'est pourquoi j'aimerais vous l'exposer rapidement. Peut-être te correspond-elle également. En effet, elle complète à merveille la technique de l'amour.

Le bracelet matérialise une expérience sur soi. Si tu souhaites y prendre part, prends ce bracelet bleu (qui peut aussi être un simple élastique à cheveux ou en plastique) et frotte-le doucement sur ton poignet. Chaque fois que tu as un problème dans ta vie, par exemple quand tu es contrarié par une personne ou une situation ou que tu es proche de perdre le contrôle, demande-toi :

« Que ferait l'amour ? » puis agis conformément à cette réponse – dans le sens de l'amour. Chaque fois que tu oublies d'agir dans ce sens, mets ton bracelet à l'autre poignet. Le but est de porter le bracelet au même poignet pendant quatre semaines consécutives (sans avoir bien entendu à changer de poignet).

Un délai de quatre semaines correspond environ au temps qu'il faut pour qu'un comportement, que tu souhaites adopter, devienne une habitude. Tu as vécu de nombreuses années sans te poser la question : « Que ferait l'amour ? », ce qui a certainement créé chez toi des attitudes dont tu n'as absolument pas conscience. Ce petit bracelet agit précisément sur ces anciens modes de fonctionnement :

Que ferait l'amour?

Ta mission n'est pas de chercher l'amour, mais simplement de chercher et de trouver les barrières intérieures que tu as érigées contre lui.

RUMI

Sandro illustra ce proverbe par une conclusion : « Rien n'est bon, tant qu'on ne l'a pas essayé ! » Par le travail avec ce petit bracelet, tu guéris ton propre monde intérieur – toujours un peu plus. À long terme, cet amour gagne aussi tes relations, ta famille par exemple, ton lieu de travail et les personnes que tu côtoies. Au final, tous ces petits mondes guéris chez toutes les personnes qui participent à cette action formeront un jour un grand univers guéri.

Le plus bel exemple de l'idée de ce bracelet est la conduite automobile. Imagine que tu traverses une bourgade en voiture, et qu'une autre voiture avance très lentement devant toi. Comment réagis-tu ? Peut-être penses-tu :

« Quel escargot, on devrait lui enlever son permis ! » Mais si tu portes ton bracelet, tu peux te demander : « Que ferait l'amour ? », ce qui te permet de développer de la compassion pour ce conducteur. Il se peut alors que tu penses : « C'est peut-être un étranger qui ne connaît pas la région et cherche une adresse précise. » Et déjà, ton énervement disparaît, et tu te sens mieux.

Ce petit bracelet peut ainsi t'être utile dans de nombreuses situations. Pour qui souhaite participer à cette expérience : Sandro vend ces bracelets à l'unité mais aussi en plus grandes quantités sur ce site : www.healyourworld.de.

Qu'est-ce que cela me fait ?

*Qui s'aime vraiment
attire à lui lumière et amour ;
l'extérieur te donne seulement
ce qui vit en toi, sans détours.*

L'autre question que pose la technique de l'amour est : « Qu'est-ce que cela me fait ? » Le thème principal étant ici l'amour de soi. Très souvent dans ma vie, je fais des choses sans me demander intérieurement ce que je ressens en les faisant. Or la question « Qu'est-ce que cela me fait ? » me ramène à moi et me donne peu à peu accès à mon ressenti. Celui-ci me révèle comment une situation ou une personne agit sur moi. Ce n'est qu'alors que je peux décider si j'en veux « plus » ou « moins ». Mon ressenti me montre à chaque instant ce que j'aime et ce qui me déplaît.

Plus je me pose régulièrement la question : « Qu'est-ce que cela me fait ? », plus je peux agir sur ce ressenti. Je suis ainsi ma ligne directrice intérieure – et mon ressenti peut commencer à dicter mes actions.

Je trace alors mon propre chemin, et mes sentiments deviennent des alliés. Il y a quelques années, une bonne amie à moi commença à agir pour son bien-être personnel : elle se demanda qui dans son entourage lui faisait du bien et qui ne lui en faisait pas. Elle se mit ainsi à faire le tri, suivant l'expression : les bons dans le pot, les mauvais dans le jabot. De cette manière, elle se créa à moyen terme un environnement peuplé de gens qui lui font du bien.

Si j'écoute ce que je ressens, je cherche un lieu de travail qui me correspond. En pratiquant, je deviens peu à peu si sûr de mes sentiments que j'ai envie de les partager avec les autres. Je deviens ainsi plus authentique et je réponds mieux à mes besoins et à mes désirs profonds. Je suis alors en mesure de dire aux autres qu'ils me font du mal ou que je me sens malmené par eux. De cette façon, je trouve ma propre voie, je me fais confiance et sors de plus en plus du lot :

---

*Pour faire partie
d'un troupeau de moutons,
il faut nécessairement être un mouton.*
ALBERT EINSTEIN

Je ne cours donc plus après chaque tendance. Je suis toujours plus à l'écoute de moi-même. Et qui peut m'y aider ? Mon ressenti, à qui je demande continuellement : « Qu'est-ce que cela me fait ? » Quand j'écoute ce que je ressens, je me sens de mieux en mieux, car je m'occupe davantage de moi :

> *Quand je fais bien, je me sens bien.*
> *Quand je fais mal, je me sens mal.*
> *Voilà toute ma religion.*
>
> ABRAHAM LINCOLN

Si j'écoute réellement ce que mon cœur me dit, je sens à quel point un conflit avec autrui me vide d'énergie et – sur la durée – m'affaiblit. Être en conflit me fait du mal à moi-même, car les pensées négatives sont en moi et influent négativement sur mon corps et sur mon mental. Il est beaucoup plus sain de cesser tout conflit et toute lutte.

Le journal des miracles

En toi grandit un noyau,
qui ton amour représente;
tu te vois alors comme un joyau,
et te donnes à toi-même ce qui te manque.

La question « Qu'est-ce que cela me fait ? » nous conduit à présent vers la quatrième forme du Hoppen, le journal intime des miracles. J'analyse ainsi mes sentiments et m'efforce de les améliorer. J'améliore ainsi mon état intérieur, qui par la résonance rayonne constamment à l'extérieur.

Nos sentiments sont cette partie de nous sans cesse soumise aux fluctuations et aux changements. Parfois, je me sens bien, et parfois, je me sens mal. Chacun de nous connaît ces sentiments insidieux qui veulent nous dire que nous sommes petits, insignifiants, faibles et pleins de défauts – et pour ces raisons indignes d'être aimés.

Voilà pourquoi ces sentiments sont « dommageables » : à travers mes sentiments, je suis en contact permanent avec l'univers. L'univers communique avec moi *via* mes sentiments et les images intérieures qui y correspondent. Plus mon état intérieur s'améliore et s'apaise, plus dans le futur la résonance m'apportera de choses positives. C'est presque comme si l'univers avait constamment accès à mon subconscient et me demandait : « Que souhaiterais-tu ? » Et je réponds à cette question à chaque instant au travers de mes sentiments, mais la plupart du temps de façon inconsciente. Je suis par principe créateur, et je m'exprime à travers mes sentiments. L'univers ne fait que m'y aider.

C'est pourquoi nos souhaits ressemblent à la conduite automobile : par mes pensées conscientes, je peux contrôler la route qui me mène vers mon but. Mais la force qui me permet d'atteindre cet objectif vient des sentiments que je porte en moi au moment de formuler mon souhait. Ils sont les moteurs de mon vœu, et ils sont généralement inconscients.

Dans mon journal des miracles, j'utilise cette relation de cause à effet. Il est clair que si j'ai un entretien d'embauche demain, mais que je suis déjà complètement abattu aujourd'hui, car je suis sûr de ne pas être assez bon, il y a de fortes chances que je n'obtienne effectivement pas ce poste.

Les choses se présentent et se manifestent à l'extérieur telles que je me les représente déjà aujourd'hui à travers mes sentiments. Avec le journal des miracles, je garde ainsi une trace de mes réponses aux questions : « Qu'est-ce que cela me fait ? » Je considère mes sentiments sérieusement, et à chaque fois que je suis happé par mes peurs intérieures ou que la confusion s'empare de moi, j'entre en moi-même et prends conscience de mes sentiments. Je sais en effet que mon désordre intérieur me mène fatalement vers un chaos extérieur. Ce qu'il y a de fantastique avec le journal des miracles, c'est que je peux ainsi transformer mes sentiments et cesser de me faire du souci. J'invite ainsi la possibilité de petits et de grands « miracles » dans ma vie.

LA PREMIÈRE ÉTAPE
DU JOURNAL DES MIRACLES

Dans cette première étape, je parle à mes sentiments négatifs comme à un petit enfant :

> *« Te revoilà, mon petit sentiment de peur chéri. Mais oui, tu es bon. Tu as le droit d'exister. Je te fais de la place, et te donne dix minutes pour te défouler en moi.*
> *Après, il est temps d'aller se coucher et de faire dodo. Amuse-toi bien et à tout de suite – je t'emmène alors au lit et je ne veux plus t'entendre ! »*

Le sentiment trouve alors sa place et a ainsi le droit d'exister. Il est totalement accepté. Lorsqu'il s'est défoulé et que je l'ai éprouvé de façon pleinement consciente, il disparaît souvent de lui-même. Plus, au contraire, j'essaie de refouler un sentiment, plus je le renforce. (Le déni attire ce que je rejette, et le rend fort.) Plus j'accueille et accepte en moi un sentiment désagréable, moins je lui donne de pouvoir.

LA DEUXIÈME ÉTAPE DU JOURNAL DES MIRACLES

Si cette méthode simple est peu fructueuse, ce qui peut tout à fait être le cas, je passe alors à la deuxième étape : j'applique la technique du cœur à ce sentiment. Je peux par exemple me dire :

Cher sentiment de peur, je t'accueille entièrement. Toi aussi, tu fais partie de moi. Sois le bienvenu, je te prends dans mes bras. Je t'invite dans mon cœur et t'entoure d'un nuage de lumière et d'amour. Je sais que tu portes en toi un trésor, et je t'envoie mon amour, pour que tu puisses te transformer et montrer ce trésor. Je t'aime.

Là aussi, tu peux créer tes propres phrases, celles qui te paraissent les plus justes pour toi. L'essentiel est d'être dans la pleine acceptation et le plein amour de ce sentiment désagréable.

LA TROISIÈME ÉTAPE DU JOURNAL DES MIRACLES

Dans cette troisième étape, j'observe mon sentiment comme un être vivant et lui offre ainsi un corps. Dans cette variante, je me demande :

Si mon sentiment était un animal, quel serait-il ?

Médite quelques instants sur cette question (tu peux par exemple utiliser les exercices proposés dans la technique du cœur), et demande-toi quel animal correspond à ton sentiment. À quoi ressemble ton animal ? Que fait-il en ce moment ? Demande-toi ensuite ce dont ton animal a le plus besoin en ce moment. Caresse-le un peu, occupe-toi mentalement de lui, et donne-lui beaucoup d'amour. Charge cet être qui représente ton sentiment intérieur de tout ton amour, et vois s'il souhaite se métamorphoser.

Postface

La guérison m'offre ceci :
l'essence-même de mon âme.
Lorsque j'accède à ce lieu-ci,
le renouveau est total.

En chaque endroit, je me vois alors
tel que mon âme me connaît ;
j'ai toujours été là, jamais en dehors,
et jamais non plus séparé.

Mon Moi se dissout dans la mer,
depuis l'être éternel,
et je me rappelle à jamais cet air :
je ne fus jamais seul, et pas seulement charnel.

J'espère avoir réussi à t'ouvrir les portes des techniques du Hoppen. Je me suis limité à l'essentiel et j'ai privilégié la technique du cœur. À la fin du livre, tu trouveras de plus amples informations et conseils de lecture.

En ces temps agités, le Hoppen peut devenir pour toi un lieu de repos. Il t'offre la paix intérieure et t'aide à sortir de l'inquiétude, de la confusion et du stress. Le Hoppen te donne accès au flux de l'existence, où les choses de ta vie s'exécutent de la façon qui te correspond le mieux.

Pour moi, ce qu'il y a de plus beau dans le Hoppen est que chacun d'entre nous devient très rapidement capable, grâce à sa propre force, d'améliorer sa qualité de vie. Il te faut simplement être un peu guidé et être disposé à vouloir emprunter cette nouvelle voie.

Le Hoppen est très simple. Et c'est bien ainsi. Selon moi, cette devise est vraie :

La vérité doit être simple.

Pour que je puisse reconnaître une théorie ou un savoir comme vrai, il doit me parler instantanément. Pour moi, les bienfaits d'une vérité ou d'une forme de thérapie se montrent déjà à sa simplicité. Et le Hoppen est vraiment très facile. En résumé, le Hoppen me montre que :

L'amour guérit – lorsque je l'y invite.

Dans le Hoppen, je pénètre la sphère de l'amour. La raison n'a pas sa place ici.

Le Hoppen nous invite à découvrir l'instrument de notre raison sous un jour pleinement nouveau. En cessant d'évaluer et de (pré) juger les choses par le mental, je vais sans doute découvrir que notre raison ne veut pas juger mais créer. En effet, sa réelle fonction est celle de créateur.

Si l'amour a grandi en moi et que j'ai réorienté ma raison, ma pensée n'est plus envieuse : « L'autre a plus que moi, peut plus, est plus beau, plus intelligent et a plus de succès.» Je commence au contraire à penser : « C'est formidable, tout ce que cette personne peut faire, tout ce qu'elle s'autorise. Quelle belle vie elle a. Je souhaite avoir une vie aussi belle ! »

Le Hoppen nous permet d'avoir une influence consciente sur notre monde et sur l'éternel cercle, déjà décrit dans le Talmud :

Veille à tes pensées,
car elles deviennent des mots.
Veille à tes mots,
car ils deviennent des actions.

Veille à tes actions,
car elles deviennent des habitudes.
Veille à tes habitudes,
car elles deviennent ton caractère.
Veille à ton caractère,
car il devient ton destin.

LE TALMUD

Postface

Mon destin a à voir avec moi. Je n'échappe jamais à moi-même. Je participe toujours à tout ce que je fais. Le Hoppen m'apprend à accepter aussi ma part d'ombre et à l'aimer. En l'acceptant, elle peut cesser d'agir sur mon destin.

Le Hoppen admet cette zone d'ombre comme part de moi. En la soignant, je soigne mon destin. Et toi, « là, dehors », tu peux enfin cesser de vivre pour moi cette part d'ombre.

---

*Avec amour,
du fond du cœur,
je te remercie.*
MANFRED MOHR

Lectures recommandées

Au tout début – livré à toi-même – tu n'es peut-être pas sûr de « bien » faire tel ou tel exercice. Si c'est le cas, je tiens à te dire : fais confiance à ce que tu ressens, et exécute l'exercice de la façon qui te semble la plus juste pour toi. Il s'avère également utile, précisément au début, de pratiquer en petit groupe. Invite simplement des amis avec qui tu peux pratiquer.

Et voici quelques lectures qui te soutiendront dans ta pratique :

• Dr Stelzl Diethard, *Ho'oponopono, guérir avec amour*, Éditions Contre-Dires, 2013.

• Nathalie Bodin, *Vivre avec Ho'oponopono*, Guy Trédaniel Éditeur, 2012.

• Dr Luc Bodin et Nathalie Bodin, *Coffret pour vivre avec Ho'oponopono*, Guy Trédaniel Éditeur, 2012.

Pour en savoir plus, tu peux aussi consulter le site de Bärbel : www.baerbelmohr.de (en version allemande ou anglaise).

À propos de l'auteur

Manfred Mohr est docteur en chimie et a longtemps travaillé comme consultant dans l'industrie et l'économie. Depuis 2007, il est auteur, coach de la personnalité et dirige des séminaires. Son livre le plus célèbre, *Le Miracle de l'amour de soi*, est paru en Allemagne en 2011. Son œuvre regroupe dix livres, portant tous sur l'amour de soi et l'ouverture du cœur. Il a par ailleurs publié deux recueils de poèmes. Entre-temps, plus de 180 000 de ses livres se sont vendus.

Marié à l'auteure de best-sellers Bärbel Mohr, décédée en octobre 2010, Manfred Mohr souhaite transmettre son héritage spirituel. Il vit près de Munich avec leurs jumeaux.

Pour plus d'informations :
www.manfredmohr.de

Achevé d'imprimer en septembre 2014
sur les presses de la Nouvelle Imprimerie Laballery
58500 Clamecy

Dépôt légal : septembre 2014
N° d'impression : 408289

Imprimé en France

La Nouvelle Imprimerie Laballery est titulaire de la marque Imprim'Vert®